A Day In The Life Of A Swedish Cyclist: Short Stories for Swedish Language Learners

Artici Bilingual Books

Published by Artici Bilingual Books, 2024.

While every precaution has been taken in the preparation of this book, the publisher assumes no responsibility for errors or omissions, or for damages resulting from the use of the information contained herein.

A DAY IN THE LIFE OF A SWEDISH CYCLIST: SHORT STORIES FOR SWEDISH LANGUAGE LEARNERS

First edition. March 4, 2024.

Copyright © 2024 Artici Bilingual Books.

ISBN: 979-8224946563

Written by Artici Bilingual Books.

Table of Contents

Det Mystiska Fallet med Den Försvunna Kanelbullen

Det var en vacker och solig dag i Stockholm när det mystiska fallet med den försvunna kanelbullen började. På den lilla gatan i Gamla Stan där caféet "Smultronstället" låg, var atmosfären fylld av doften av nybryggt kaffe och nybakta kanelbullar.

Huvudkaraktären i vår historia är Elsa, en medelålders kvinna som hade en passion för att baka och som ägde caféet. Elsa var känd i området för sina otroliga kanelbullar som var den mest eftertraktade delikatessen på menyn. Men en morgon när Elsa öppnade caféet för dagen upptäckte hon till sin fasa att en av hennes kanelbullar var försvunnen från disken.

Elsa blev genast misstänksam och började fråga sina trogna kunder om de hade sett något misstänkt. Bland de vanliga kunderna fanns en grupp färgstarka karaktärer som alltid satt vid det stora fönstret och diskuterade allt från politik till konst. Det var Fritz, den pensionerade konstnären, Karin, den unga författaren som alltid bar på sin skrivbok, och Erik, den tystlåtne pensionären som alltid hade en bok i handen.

Elsa beslutade sig för att sätta ihop sitt eget lilla detektivteam med sina kunder för att lösa mysteriet med den försvunna kanelbullen. Tillsammans började de undersöka ledtrådar och förhöra vittnen runt om i Gamla Stan. De pratade med kunder, grannar och till och med de lokala duvorna som brukade samlas utanför caféet.

Ju mer de undersökte, desto fler mysterier började avslöjas. Det visade sig att kanelbullen inte var det enda som hade försvunnit från området på senaste tiden. Det fanns rapporter om försvunna cyklar, försvunna krukor med blommor och till och med försvunna katter. Det verkade som om det fanns en tjuv lössläppt i Gamla Stan.

Medan de fortsatte sitt arbete med att lösa mysteriet, växte banden mellan Elsa och hennes detektivteam starkare. De lärde sig att samarbeta och att lita på varandra, och deras gemensamma mål att hitta den skyldige höll dem ihop.

Till slut, efter många turer och svängar, lyckades de klura ut vem tjuven var och avslöja dem för polisen. Det visade sig vara en ung man som hade varit på jakt efter snabba pengar för att försörja sin familj. Men tack vare Elsas detektivarbete och hennes trogna kunder kunde rättvisa skipas och Gamla Stan återfick sin frid.

Som belöning för deras mod och uthållighet beslutade Elsa och hennes detektivteam att ha en stor fest på Smultronstället för att fira deras framgångsrika lösning av det mystiska fallet med den försvunna kanelbullen. Och den här gången var kanelbullarna extra stora och extra goda, precis som belöning för deras hårda arbete och vänskap.

Och så slutar vår berättelse om det mysteriska fallet med den försvunna kanelbullen, en historia om vänskap, samarbete och detektivarbete i hjärtat av Stockholm.

The Mysterious Case of the Missing Cinnamon Bun

It was a beautiful and sunny day in Stockholm when the mysterious case of the missing cinnamon bun began. On the little street in Gamla Stan where the café "Smultronstället" was located, the atmosphere was filled with the scent of freshly brewed coffee and newly baked cinnamon buns. The main character in our story is Elsa, a middle-aged woman who had a passion for baking and who owned the café. Elsa was known in the area for her incredible cinnamon buns, which were the most sought-after delicacy on the menu. But one morning when Elsa opened the café for the day, she discovered to her horror that one of her cinnamon buns was missing from the counter.

Elsa became immediately suspicious and began to question her loyal customers if they had seen anything suspicious. Among the regular customers were a group of colorful characters who always sat by the large window discussing everything from politics to art. There was Fritz, the retired artist, Karin, the young writer who always carried her notebook, and Erik, the silent pensioner who always had a book in hand.

Elsa decided to assemble her own little detective team with her customers to solve the mystery of the missing cinnamon bun. Together, they began to investigate clues and interrogate witnesses around Gamla Stan. They talked to customers, neighbors, and even the local pigeons who used to gather outside the café.

The more they investigated, the more mysteries began to unfold. It turned out that the cinnamon bun was not the only thing that had disappeared from the area recently. There were reports of missing bicycles, missing flower pots, and even missing cats. It seemed that there was a thief on the loose in Gamla Stan.

As they continued their work to solve the mystery, the bonds between Elsa and her detective team grew stronger. They learned to cooperate and trust each other, and their common goal of finding the culprit kept them together.

Finally, after many twists and turns, they managed to figure out who the thief was and expose them to the police. It turned out to be a young man who had been on the lookout for quick money to support his family. But thanks to Elsa's detective work and her loyal customers, justice was served and Gamla Stan regained its peace.

As a reward for their bravery and perseverance, Elsa and her detective team decided to have a big party at Smultronstället to celebrate their successful solution to the mysterious case of the missing cinnamon bun. And this time, the cinnamon buns were extra large and extra delicious, just as a reward for their hard work and friendship.

And so ends our story of the mysterious case of the missing cinnamon bun, a tale of friendship, cooperation, and detective work in the heart of Stockholm.

En Dag i Livet av en Svensk Cyklist

Det var en frisk och solig morgon när Johan öppnade dörren till sin lägenhet i centrala Stockholm. Han kände den svala vårluften svepa genom gatorna när han drog på sig sina cykelbyxor och sin hjälm. För Johan var varje dag en möjlighet att utforska staden på två hjul.

Johan älskade att cykla. För honom var det inte bara ett sätt att ta sig från punkt A till punkt B, det var en livsstil. Han älskade känslan av frihet som cyklingen gav honom, den friska luften som svalkade hans kinder och den underbara utsikten över staden när han trampade fram längs cykelvägarna.

På den här dagen hade Johan bestämt sig för att utforska en ny del av staden som han aldrig hade besökt tidigare. Han hade hört talas om en vacker park på andra sidan stan som var känd för sina grönskande träd och sina vackra blommor. Så med en picknickkorg på pakethållaren och en karta i handen gav sig Johan iväg.

På vägen till parken cyklade Johan genom några av Stockholms mest pittoreska kvarter. Han passerade färgglada hus med blommande trädgårdar och charmiga små caféer där folk satt och njöt av sin morgonkaffe. Han vinkade till grannarna när han passerade och log åt barnen som lekte på trottoarerna.

När Johan äntligen nådde parken var han överväldigad av dess skönhet. Det var som att kliva in i en annan värld, en oas av lugn mitt i stadens brus. Han parkerade sin cykel vid ingången och gick långsamt genom parkens grönska, njutande av varje steg.

Han hittade en mysig plats under ett stort träd där han bredde ut sin picknickfilt och började ta fram godsakerna ur korgen. Han hade smörgåsar, frukt, och en flaska kallt vatten att dela med sig av. Han lade sig till rätta på filten och stängde ögonen medan han lyssnade på fåglarnas sång ovanför sig.

Efter att ha ätit sin picknick kände Johan sig utvilad och redo att fortsätta sitt äventyr. Han cyklade genom parken och upptäckte gömda stigar och glittrande dammar. Han stannade för att ta kort på de vackra blommorna och hälsade på de andra människorna som njöt av parkens skönhet.

När eftermiddagen började närma sig bestämde sig Johan för att det var dags att bege sig hemåt. Han packade ihop sin picknickkorg och hoppade upp på sin cykel med ett leende på läpparna. Det hade varit en underbar dag fylld med äventyr och upptäckter, och han kände sig tacksam för möjligheten att få uppleva allt som hans älskade stad hade att erbjuda.

När han cyklade genom gatorna på väg hem kände Johan en känsla av lugn och lycka sprida sig inom honom. Han visste att oavsett var hans cykelturer tog honom nästa gång, skulle han alltid bära med sig den underbara känslan av frihet och glädje som cyklingen gav honom. För Johan var varje dag en ny chans att utforska världen på två hjul, och han kunde inte tänka sig något bättre sätt att leva sitt liv.

A Day in the Life of a Swedish Cyclist

It was a brisk and sunny morning when Johan opened the door to his apartment in central Stockholm. He felt the cool spring air sweep through the streets as he pulled on his cycling shorts and helmet. For Johan, every day was an opportunity to explore the city on two wheels.

Johan loved cycling. For him, it wasn't just a means of getting from point A to point B, it was a lifestyle. He loved the feeling of freedom that cycling gave him, the fresh air cooling his cheeks, and the wonderful view of the city as he pedaled along the bike paths.

On this day, Johan had decided to explore a new part of the city that he had never visited before. He had heard of a beautiful park on the other side of town known for its lush trees and beautiful flowers. So with a picnic basket on the rack and a map in hand, Johan set off.

On the way to the park, Johan cycled through some of Stockholm's most picturesque neighborhoods. He passed colorful houses with blooming gardens and charming little cafes where people sat enjoying their morning coffee. He waved to the neighbors as he passed and smiled at the children playing on the sidewalks.

When Johan finally reached the park, he was overwhelmed by its beauty. It was like stepping into another world, an oasis of calm in the midst of the city's hustle and bustle. He parked his bike at the entrance and walked slowly through the park's greenery, savoring every step.

He found a cozy spot under a large tree where he spread out his picnic blanket and began to unpack the goodies from the basket. He had sandwiches, fruit, and a bottle of cold water to share. He lay back on the blanket and closed his eyes, listening to the birdsong above him.

After enjoying his picnic, Johan felt refreshed and ready to continue his adventure. He cycled through the park, discovering hidden paths and sparkling ponds. He stopped to take pictures of the beautiful flowers and greeted the other people who were enjoying the park's beauty.

As the afternoon began to approach, Johan decided it was time to head home. He packed up his picnic basket and hopped back on his bike with a smile on his face. It had been a wonderful day filled with adventure and discovery, and he felt grateful for the opportunity to experience everything that his beloved city had to offer.

As he cycled through the streets on his way home, Johan felt a sense of peace and happiness spreading within him. He knew that no matter where his cycling adventures took him next time, he would always carry with him the wonderful feeling of freedom and joy that cycling gave him. For Johan, every day was a new chance to explore the world on two wheels, and he couldn't imagine a better way to live his life.

De Excentriska Äldre Systrarna från Östermalm

På en lugn gata i den exklusiva stadsdelen Östermalm i Stockholm bodde två äldre systrar vid namn Elsa och Astrid. Deras hus var en vacker gammal byggnad med fönster som tittade ut över de grönskande träden och de välansade trädgårdarna. Men trots den idylliska omgivningen var Elsa och Astrid långt ifrån vanliga.

Elsa och Astrid hade levt tillsammans i huset i över femtio år, och under den tiden hade de skapat sig en rykte om sig att vara de mest excentriska systrarna i hela Östermalm. Deras hus var fyllt med en samling konstiga föremål och underliga konstverk som de hade samlat på sig under årens lopp. Det fanns gamla möbler från fjärran länder, exotiska målningar och en hel del prylar som ingen visste vad de var till för.

Men det som gjorde Elsa och Astrid mest kända var deras märkliga vanor och udda sätt att se på världen. De hade sina egna rutiner och ritualer som de följde strikt varje dag, och de gjorde allt från att dansa nakna i månskenet till att prata med sina växter som om de vore levande varelser. De var också kända för sina skrattanfall och sina oförutsägbara humörsvängningar, som kunde gå från extatisk glädje till djup sorg på bara några sekunder.

Men trots deras excentricitet älskades Elsa och Astrid av grannarna i Östermalm. De var alltid generösa med sitt tid och sina resurser och var alltid redo att hjälpa till när någon behövde det. De hade en speciell gåva att lyssna och trösta, och många kom till dem för råd och stöd när de hade problem.

En dag, när hösten började närma sig och löven började falla från träden, fick Elsa och Astrid besök av en ung kvinna vid namn Maria. Maria hade flyttat in i grannskapet för bara några veckor sedan och hade hört talas om de excentriska systrarna från sina grannar. Hon hade blivit nyfiken på dem och ville lära känna dem bättre.

Elsa och Astrid välkomnade Maria med öppna armar och bjöd in henne på en kopp te i deras vardagsrum. De berättade historier om sina äventyr från förr och delade med sig av sina visdomsord om livet och kärleken. Maria lyssnade fascinerat och insåg snabbt att det fanns mycket att lära av de två äldre damerna.

Med tiden blev Maria en nära vän till Elsa och Astrid och tillbringade många timmar med dem i deras hem. De delade måltider, skrattade tillsammans och diskuterade allt från konst och litteratur till livets djupare frågor. För Maria blev Elsa och Astrid som en andra familj, och hon var tacksam för den vänskap och kärlek de delade med henne.

Men sommaren gick och hösten övergick till vinter, började Elsa och Astrid att känna sig svaga och trötta. De hade levt ett långt och händelserikt liv, men nu kände de att det var dags att lämna jordelivet bakom sig och gå vidare till nästa äventyr. De förberedde sig lugnt och fridfullt för den dag då de skulle säga farväl till världen och välkomnas in i det okända.

När dagen till slut kom och Elsa och Astrid lämnade jordelivet bakom sig, kände Maria en djup sorg över att förlora sina vänner. Men samtidigt visste hon att de hade lämnat ett otroligt arv efter sig, ett arv av kärlek, vänskap och excentricitet som skulle leva vidare i hennes minnen för alltid.

Och så slutar vår berättelse om de excentriska äldre systrarna från Östermalm, en historia om vänskap, kärlek och det underbara i att vara sig själv, oavsett vad andra kanske tycker. För Elsa och Astrid var livet en resa fylld med äventyr och upptäckter, och de levde varje dag till fullo, utan att tveka att vara precis den de var.

The Eccentric Elderly Sisters of Östermalm

On a quiet street in the exclusive district of Östermalm in Stockholm lived two elderly sisters named Elsa and Astrid. Their house was a beautiful old building with windows overlooking the lush trees and well-groomed gardens. But despite the idyllic surroundings, Elsa and Astrid were far from ordinary.

Elsa and Astrid had lived together in the house for over fifty years, and during that time, they had gained a reputation for being the most eccentric sisters in all of Östermalm. Their house was filled with a collection of strange objects and peculiar artworks that they had gathered over the years. There was old furniture from distant lands, exotic paintings, and a lot of items that no one knew what they were for. But what made Elsa and Astrid most famous were their peculiar habits and odd way of seeing the world. They had their own routines and rituals that they followed strictly every day, and they did everything from dancing naked in the moonlight to talking to their plants as if they were living creatures. They were also known for their fits of laughter and their unpredictable mood swings, which could go from ecstatic joy to deep sorrow in just a few seconds.

But despite their eccentricity, Elsa and Astrid were loved by the neighbors in Östermalm. They were always generous with their time and resources and were always ready to help when someone needed it. They had a special gift for listening and comforting, and many came to them for advice and support when they had problems.

One day, as autumn began to approach and the leaves started to fall from the trees, Elsa and Astrid received a visit from a young woman named Maria. Maria had moved into the neighborhood just a few weeks ago and had heard about the eccentric sisters from her neighbors. She had become curious about them and wanted to get to know them better.

Elsa and Astrid welcomed Maria with open arms and invited her in for a cup of tea in their living room. They told stories of their adventures from the past and shared their words of wisdom about life and love. Maria listened fascinated and quickly realized that there was much to learn from the two elderly ladies.

Over time, Maria became a close friend to Elsa and Astrid and spent many hours with them in their home. They shared meals, laughed together, and discussed everything from art and literature to life's deeper questions. For Maria, Elsa and Astrid became like a second family, and she was grateful for the friendship and love they shared with her.

But as summer passed and autumn turned to winter, Elsa and Astrid began to feel weak and tired. They had lived a long and eventful life, but now they felt that it was time to leave the earthly life behind and move on to the next adventure. They prepared calmly and peacefully for the day when they would say goodbye to the world and be welcomed into the unknown.

When the day finally came and Elsa and Astrid left earthly life behind, Maria felt a deep sorrow at losing her friends. But at the same time, she knew that they had left an incredible legacy behind, a legacy of love, friendship, and eccentricity that would live on in her memories forever.

And so ends our story of the eccentric elderly sisters of Östermalm, a tale of friendship, love, and the wonder of being oneself, no matter what others may think. For Elsa and Astrid, life was a journey filled with adventure and discovery, and they lived each day to the fullest, without hesitation to be exactly who they were.

På Stockholms tunnelbana

Det var en vanlig vardagsmorgon när vår berättelse tar sin början. Tunnelbanan i Stockholm var fylld av människor som skyndade sig till sina arbetsplatser och skolor, medan solen sakta steg över den vackra staden.

Bland de många resenärerna som klev på tåget fanns en ung man vid namn Erik. Han hade bott i Stockholm hela sitt liv och var van vid den dagliga pendlingen till och från arbetet. Men den här dagen skulle bli annorlunda än alla andra.

När Erik steg på tåget och letade efter en ledig plats att sätta sig, märkte han plötsligt en kvinna som satt på ett säte längst bak i vagnen. Hon såg ut att vara i 50-årsåldern och hade ett vänligt leende på läpparna. Något inom Erik sa honom att han skulle gå fram och prata med henne.

Så med ett litet leende på läpparna gick Erik fram till kvinnan och satte sig bredvid henne. Han började prata med henne och märkte snart att de hade mycket gemensamt. Kvinnan berättade att hennes namn var Anna och att hon hade bott i Stockholm i många år. Hon var konstnär till yrket och älskade att måla stadslandskap och människor.

Erik och Anna fortsatte att prata under hela resan, och innan de visste ordet av hade de kommit fram till deras hållplats. Erik kände en stark koppling till Anna och visste att han ville träffa henne igen.

Så innan de skildes åt, bytte de telefonnummer och lovade att hålla kontakten. Erik kände en pirrande känsla i magen när han tänkte på möjligheten att få lära känna Anna bättre och upptäcka vad ödet hade i beredskap för dem.

Dagarna gick och Erik kunde inte sluta tänka på Anna. Han kände sig som en tonåring igen, full av förväntan och nervositet inför deras kommande möte. Till slut bestämde han sig för att ringa henne och bjuda ut henne på en dejt.

Anna accepterade glatt Eriks inbjudan, och de bestämde sig för att träffas på en mysig kafé i Gamla Stan. När de satt där och pratade över en kopp kaffe insåg de båda att de hade mycket gemensamt och att de kände en stark dragning till varandra.

Deras relation utvecklades snabbt, och snart var de ett par som gjorde allt tillsammans. De gick på långa promenader genom stadens parker, besökte konstgallerier och teatrar, och utforskade alla Stockholms gömda pärlor tillsammans.

Men sommarveckorna gick och hösten började närma sig, började Erik och Anna att känna att deras tid tillsammans var begränsad. Erik hade fått ett erbjudande om att arbeta utomlands och visste inte om han skulle kunna stanna kvar i Stockholm. Anna hade sina egna projekt och visste inte om hon kunde följa med honom.

De båda kände sig förvirrade och osäkra på vad de skulle göra. Men trots alla osäkerheter visste de att de hade en speciell och äkta koppling till varandra som inte kunde ignoreras. Så de bestämde sig för att följa sina hjärtan och se vart ödet skulle leda dem.

Till slut, efter många tårar och svåra beslut, bestämde sig Erik för att stanna kvar i Stockholm och fortsätta sitt förhållande med Anna. De insåg att de var villiga att kämpa för sin kärlek och att de inte ville ge upp på varandra så lätt.

Och så slutar vår berättelse om Erik och Anna, ett par som fann kärleken på Stockholms tunnelbana och som kämpade för att hålla fast vid den trots alla hinder.

On the Stockholm Metro

It was an ordinary weekday morning when our story begins. The metro in Stockholm was filled with people rushing to their workplaces and schools, while the sun slowly rose over the beautiful city.

Among the many commuters boarding the train was a young man named Erik. He had lived in Stockholm all his life and was accustomed to the daily commute to and from work. But this day would be different from all the others.

As Erik boarded the train and looked for an empty seat to sit down, he suddenly noticed a woman sitting in a seat at the back of the carriage. She appeared to be in her fifties and had a friendly smile on her lips. Something within Erik told him that he should approach her and strike up a conversation.

So with a small smile on his lips, Erik approached the woman and sat down beside her. He began to talk to her and soon noticed that they had a lot in common. The woman introduced herself as Anna and said that she had lived in Stockholm for many years. She was an artist by profession and loved to paint cityscapes and people.

Erik and Anna continued to talk throughout the journey, and before they knew it, they had arrived at their stop. Erik felt a strong connection to Anna and knew that he wanted to see her again.

So before they parted ways, they exchanged phone numbers and promised to stay in touch. Erik felt a fluttering sensation in his stomach at the thought of the possibility of getting to know Anna better and discovering what fate had in store for them.

Days went by, and Erik couldn't stop thinking about Anna. He felt like a teenager again, full of anticipation and nervousness about their upcoming meeting. Finally, he decided to call her and ask her out on a date.

Anna gladly accepted Erik's invitation, and they decided to meet at a cozy café in Gamla Stan. As they sat there and talked over a cup of coffee, they both realized that they had a lot in common and that they felt a strong attraction to each other.

Their relationship developed quickly, and soon they were a couple doing everything together. They went on long walks through the city's parks, visited art galleries and theaters, and explored all of Stockholm's hidden gems together.

But as the summer weeks passed and autumn approached, Erik and Anna began to feel that their time together was limited. Erik had received a job offer to work abroad and wasn't sure if he could stay in Stockholm. Anna had her own projects and wasn't sure if she could follow him.

Both of them felt confused and unsure about what to do. But despite all the uncertainties, they knew that they had a special and genuine connection to each other that couldn't be ignored. So they decided to follow their hearts and see where fate would lead them.

In the end, after many tears and difficult decisions, Erik decided to stay in Stockholm and continue his relationship with Anna. They realized that they were willing to fight for their love and that they didn't want to give up on each other so easily.

And so ends our story of Erik and Anna, a couple who found love on the Stockholm metro and who fought to hold onto it despite all obstacles.

Ebba och Grisen

Det var en solig morgon på landet när vår berättelse tar sin början. Ebba vaknade tidigt och tittade ut genom fönstret på det gröna landskapet utanför. Hon log vid tanken på ännu en dag fylld av äventyr och möjligheter.

Ebba bodde på en liten gård tillsammans med sin familj. De hade en trädgård där de odlade grönsaker och blommor, och ett antal djur som höns, getter och en gammal hund vid namn Bruno. Men det fanns en sak som Ebba drömde om att ha på gården mer än något annat – en gris.

Hon hade alltid varit fascinerad av grisar och hade hört många historier om deras charmiga och intelligenta natur. Hon hade övertalat sina föräldrar att skaffa en gris flera gånger, men de hade alltid sagt nej och sagt att det var för mycket jobb och ansvar.

Men en dag hände det som Ebba hade drömt om – hennes föräldrar överraskade henne med en liten grisunge som de hade köpt från en granngård. Ebba kunde knappt tro sina ögon när hon såg den lilla rosa grisen springa runt på gården med sin livliga energi och sitt glada tjutande.

Hon bestämde sig för att kalla grisen för Pelle och spenderade varje ledig stund med att leka med honom och ta hand om honom. De blev snabbt oskiljaktiga vänner och delade många roliga och spännande stunder tillsammans.

Men det fanns också utmaningar med att ta hand om en gris. Pelle var en nyfiken och busig liten krabat som ibland gick för långt i sina äventyr. Han hade en vana att smita iväg och utforska grannarnas trädgårdar eller snaska på grannens grönsaksland, vilket inte alltid uppskattades av grannarna.

Ebba fick lära sig att hålla koll på Pelle och se till att han höll sig på gården och inte ställde till med för mycket bus. Det var inte alltid lätt, men med lite tålamod och kärlek lyckades hon att ta hand om sin trogna vän på bästa sätt.

En dag upptäckte Ebba att Pelle hade försvunnit från gården. Hon letade överallt, men kunde inte hitta honom någonstans. Hon började bli allt mer orolig och ledsen och fruktade det värsta. Men precis när hoppet höll på att svika henne hörde hon ett bekant tjutande från skogen intill gården.

Hon sprang så fort hon kunde och upptäckte till sin lättnad att Pelle satt fast i ett taggtrådsgärde precis utanför gården. Han såg lite skärrad ut men verkade inte ha kommit till skada. Ebba befriade honom snabbt och kramade om honom med lättnad.

Och så slutar vår berättelse om Ebba och Grisen, en historia om vänskap, äventyr och att lära sig av misstag. För Ebba och Pelle var det början på ett livslångt band och många fler äventyr som väntade på dem runt hörnet.

Ebba and the Pig

It was a sunny morning in the countryside when our story begins. Ebba woke up early and looked out the window at the green landscape outside. She smiled at the thought of another day filled with adventure and possibilities.

Ebba lived on a small farm with her family. They had a garden where they grew vegetables and flowers, and a number of animals including chickens, goats, and an old dog named Bruno. But there was one thing Ebba dreamed of having on the farm more than anything else – a pig.

She had always been fascinated by pigs and had heard many stories about their charming and intelligent nature. She had persuaded her parents to get a pig several times, but they had always said no, claiming it was too much work and responsibility.

But one day, the thing Ebba had dreamed of happened – her parents surprised her with a little piglet they had bought from a neighboring farm. Ebba could hardly believe her eyes when she saw the little pink piglet running around the farm with its lively energy and happy squealing.

She decided to name the pig Pelle and spent every spare moment playing with him and taking care of him. They quickly became inseparable friends and shared many fun and exciting moments together.

But there were also challenges to taking care of a pig. Pelle was a curious and mischievous little rascal who sometimes went too far in his adventures. He had a habit of sneaking away and exploring the neighbors' gardens or nibbling on the neighbor's vegetable patch, which was not always appreciated by the neighbors.

Ebba learned to keep an eye on Pelle and make sure he stayed on the farm and didn't get into too much mischief. It wasn't always easy, but with a little patience and love, she managed to take care of her faithful friend in the best possible way.

One day, Ebba discovered that Pelle had disappeared from the farm. She searched everywhere but couldn't find him anywhere. She began to get more and more worried and sad, fearing the worst. But just as hope was starting to fade, she heard a familiar squealing from the forest next to the farm.

She ran as fast as she could and to her relief discovered that Pelle was stuck in a barbed wire fence just outside the farm. He looked a little scared but didn't seem to be hurt. Ebba quickly freed him and hugged him with relief.

And so ends our story of Ebba and the Pig, a tale of friendship, adventure, and learning from mistakes. For Ebba and Pelle, it was the beginning of a lifelong bond and many more adventures waiting for them around the corner.

Sex Katter i Fönstret

Det var en stilla morgon i den lilla staden när vår berättelse tar sin början. Solen hade precis börjat stiga över horisonten och färgade himlen i mjuka pastellfärger. På den lilla gatan med de färgglada husen satt sex katter i ett fönster och njöt av morgonens lugn.

Fönstret tillhörde en liten antikaffär som ägdes av fru Olsson, en äldre dam med ett hjärta av guld och en kärlek till katter som var vida känd i staden. Hon hade sex katter av olika raser och personligheter, och de var hennes trogna följeslagare både på jobbet och hemma.

Fru Olsson öppnade antikaffären varje morgon klockan åtta och stängde först när solen började gå ner på kvällen. Under dagen kom många människor förbi affären för att titta på fru Olssons samling av antikviteter och kuriosa, men det som de flesta kom för att se var de sex katter som satt i fönstret och betraktade världen utanför.

Katterna hade blivit en sevärdhet i staden och många turister stannade till för att ta kort på dem och beundra deras skönhet och charm. Men för fru Olsson var katterna inte bara ett dragplåster för affären, de var hennes käraste vänner och en tröst i hennes ensamhet.

En dag kom en ung kvinna vid namn Sara förbi antikaffären. Hon hade flyttat till staden för att börja ett nytt jobb och var på jakt efter möbler till sitt nya hem. När hon såg de sex katterna i fönstret kunde hon inte låta bli att stanna till och beundra dem.

Fru Olsson märkte Saras intresse för katterna och bjöd in henne att komma in i affären för att träffa dem på närmare håll. Sara tackade glatt ja och gick in i affären, där hon möttes av ett vänligt välkomnande från både fru Olsson och katterna.

Under dagen tillbringade Sara tid med att prata med fru Olsson och leka med katterna. Hon blev förälskad i deras charm och personligheter och kände sig genast som hemma bland dem. När hon till slut lämnade affären hade hon inte bara köpt några antikviteter, hon hade också fått sex nya vänner.

Från den dagen blev Sara en stamkund i antikaffären och besökte ofta fru Olsson och katterna för att umgås med dem och njuta av deras sällskap. Tillsammans delade de många glada stunder och skapade minnen som skulle bära dem genom livets alla ups and downs.

Och så fortsatte livet på den lilla gatan med de färgglada husen, där sex katter satt i fönstret och såg ut över världen utanför. För dem var varje dag en ny upptäcktsfärd och varje möte en ny vänskap som väntade på att utforskas.

Six Cats in the Window

It was a peaceful morning in the small town when our story begins. The sun had just begun to rise above the horizon, painting the sky in soft pastel colors. On the little street with colorful houses, six cats sat in a window, enjoying the morning calm.

The window belonged to a small antique shop owned by Mrs. Olsson, an elderly lady with a heart of gold and a love for cats that was widely known in the town. She had six cats of different breeds and personalities, and they were her faithful companions both at work and at home.

Mrs. Olsson opened the antique shop every morning at eight and didn't close until the sun began to set in the evening. Throughout the day, many people passed by the shop to admire Mrs. Olsson's collection of antiques and curiosities, but what most came to see were the six cats sitting in the window, observing the world outside.

The cats had become a sight in the town, and many tourists stopped by to take pictures of them and admire their beauty and charm. But for Mrs. Olsson, the cats weren't just a draw for the shop; they were her dearest friends and a comfort in her solitude.

One day, a young woman named Sara passed by the antique shop. She had moved to town to start a new job and was looking for furniture for her new home. When she saw the six cats in the window, she couldn't help but stop and admire them.

Mrs. Olsson noticed Sara's interest in the cats and invited her to come into the shop to meet them up close. Sara gladly accepted and entered the shop, where she was greeted with a friendly welcome from both Mrs. Olsson and the cats.

Throughout the day, Sara spent time talking to Mrs. Olsson and playing with the cats. She fell in love with their charm and personalities and immediately felt at home among them. When she finally left the shop, she had not only bought some antiques, but she had also gained six new friends.

From that day on, Sara became a regular customer at the antique shop and often visited Mrs. Olsson and the cats to spend time with them and enjoy their company. Together, they shared many happy moments and created memories that would carry them through life's ups and downs.

And so life continued on the little street with the colorful houses, where six cats sat in the window, looking out over the world outside. For them, each day was a new adventure and each meeting was a new friendship waiting to be explored.

Kaffebönor och Lycka

Det var en vardaglig morgon i den lilla staden när vår berättelse tar sin början. Doften av nybryggt kaffe fyllde luften när invånarna vaknade och började dagen med en kopp av den mörka drycken som gav dem energi och glädje inför dagen som låg framför dem.

I mitten av staden låg det lilla kaféet "Kaffebönans Glädje", en oas av lugn och gemenskap där invånarna samlades för att njuta av kaffe och småprat. Kaféet ägdes av en kvinna vid namn Anna, en passionerad kaffeälskare som hade en särskild förmåga att förvandla de små bruna bönorna till ren lycka.

Anna hade alltid haft en dröm om att öppna sitt eget kafé, och när hon äntligen tog steget och startade "Kaffebönans Glädje" visste hon att hon hade hittat sin plats i världen. Med sitt varma leende och sitt genuina intresse för sina kunder skapade hon en atmosfär av välkomnande och glädje som fick människor att komma tillbaka gång på gång.

Varje morgon vaknade Anna tidigt för att rosta kaffebönorna till perfektion och brygga den perfekta koppen kaffe för sina kunder. Hon använde sig av olika kaffesorter från hela världen och experimenterade med olika bryggmetoder för att skapa unika smaker och dofter som fick kunderna att komma tillbaka för mer.

Men "Kaffebönans Glädje" var inte bara ett kafé, det var också en plats för gemenskap och samtal. Människor samlades runt de små borden för att diskutera allt från vädret till politik, och många vänskaper bildades över en kopp av Anna's speciella kaffe.

En dag kom en man vid namn Erik in i kaféet. Han hade flyttat till staden för att börja om på nytt efter en svår period i sitt liv, och han sökte en plats där han kunde finna tröst och gemenskap. När han klev in i "Kaffebönans Glädje" kände han genast att han hade kommit hem.

Anna mötte honom med sitt varma leende och bjöd in honom att sitta ner och njuta av en kopp kaffe. Erik tackade glatt ja och satte sig ner vid ett av borden, där han snart hamnade i en livlig diskussion med de andra kunderna.

Under de följande veckorna besökte Erik kaféet regelbundet och fick efterhand fler och fler vänner bland de andra kunderna. Han fann tröst och styrka i deras sällskap och kände sig äntligen som en del av något större än sig själv.

Och så fortsatte livet i den lilla staden, där doften av nybryggt kaffe och ljudet av skratt fyllde luften varje dag. För Anna och Erik och alla andra som besökte "Kaffebönans Glädje" blev det en plats där kaffe bryggdes med kärlek och lycka delades med varje kopp.

Coffee Beans and Happiness

It was an ordinary morning in the small town when our story begins. The scent of freshly brewed coffee filled the air as the residents woke up and started their day with a cup of the dark beverage that gave them energy and joy for the day ahead.

In the center of town lay the small café "The Joy of Coffee Beans," an oasis of calm and community where residents gathered to enjoy coffee and conversation. The café was owned by a woman named Anna, a passionate coffee lover who had a special ability to turn the small brown beans into pure happiness.

Anna had always dreamed of opening her own café, and when she finally took the step and started "The Joy of Coffee Beans," she knew she had found her place in the world. With her warm smile and genuine interest in her customers, she created an atmosphere of welcome and joy that made people come back time and time again.

Every morning, Anna woke up early to roast the coffee beans to perfection and brew the perfect cup of coffee for her customers. She used different coffee varieties from around the world and experimented with different brewing methods to create unique flavors and aromas that kept customers coming back for more.

But "The Joy of Coffee Beans" was not just a café, it was also a place for community and conversation. People gathered around the small tables to discuss everything from the weather to politics, and many friendships were formed over a cup of Anna's special coffee.

One day, a man named Erik walked into the café. He had moved to town to start over after a difficult period in his life, and he was looking for a place where he could find comfort and community. When he stepped into "The Joy of Coffee Beans," he immediately felt like he had come home.

Anna greeted him with her warm smile and invited him to sit down and enjoy a cup of coffee. Erik gladly accepted and sat down at one of the tables, where he soon found himself in a lively discussion with the other customers.

Over the following weeks, Erik visited the café regularly and gradually made more and more friends among the other customers. He found comfort and strength in their company and finally felt like a part of something bigger than himself.

And so life continued in the small town, where the scent of freshly brewed coffee and the sound of laughter filled the air every day. For Anna and Erik and everyone else who visited "The Joy of Coffee Beans," it became a place where coffee was brewed with love and happiness was shared with every cup.

Pojken som sjöng till molnen

Det var en lugn dag på landsbygden när vår berättelse tar sin början. Den lilla byn låg insvept i ett täcke av grönska och himlen var målad i nyanser av blått och vitt. Det var här, mitt ibland ängarna och åkrarna, som pojken som sjöng till molnen bodde.

Pojken hette Elias och var känd i byn för sin passion för sång och musik. Han tillbringade dagarna med att vandra runt i naturen och sjunga för fåglarna och träden, och många sägs att hans röst var så vacker att till och med molnen stannade upp för att lyssna.

Men Elias var inte bara en sångare; han var också en drömmare. Han drömde om att en dag få resa till världens alla hörn och dela med sig av sin musik till människor överallt. Trots att han bodde långt borta från storstaden och dess scener drömde han om att en dag få stå på en riktig scen och låta sin röst nå ut till en stor publik.

En dag hände något som skulle förändra Elias liv för alltid. En talangscout från storstaden kom till byn på jakt efter nya talanger att ta med till staden för att uppträda på de stora scenerna. När han hörde talas om pojken som sjöng till molnen kunde han inte motstå att besöka byn för att höra honom sjunga.

Elias var nervös när han stod inför talangscouten och de andra byborna. Han hade aldrig sjungit inför en så stor publik förut och kände sig osäker på om han skulle klara av att leva upp till deras förväntningar. Men när han väl började sjunga glömde han allt runt omkring sig och lät sin röst fylla luften med dess skönhet och kraft.

Till hans förvåning och glädje blev talangscouten överväldigad av hans talang och erbjöd honom genast en plats på den stora scenen i staden. Elias kunde knappt tro sina öron när han fick höra nyheten och kände en blandning av rädsla och spänning inför den stora förändringen som väntade honom.

Med stöd från sina föräldrar och byborna gjorde sig Elias redo att resa till storstaden för att följa sin dröm. Han visste att det skulle bli svårt att lämna sin hemby bakom sig, men han visste också att det var vad han behövde göra för att nå sina mål och uppfylla sina drömmar.

När Elias väl stod på den stora scenen i storstaden kände han en pirrande känsla av förväntan och nervositet. Men så snart han började sjunga försvann alla tvivel och han kände sig som hemma på scenen, med musiken som hans enda fokus och drivkraft.

Och när han stod där på scenen och lät sin röst fylla arenan visste han att han hade tagit det första steget på den långa resan mot att förverkliga sina drömmar och låta sin musik nå ut till människor över hela världen.

The Boy Who Sang to the Clouds

It was a peaceful day in the countryside when our story begins. The small village was enveloped in a blanket of greenery, and the sky was painted in shades of blue and white. It was here, amidst the meadows and fields, that the boy who sang to the clouds lived.

The boy's name was Elias, and he was known in the village for his passion for singing and music. He spent his days wandering around in nature, singing to the birds and trees, and many said that his voice was so beautiful that even the clouds paused to listen.

But Elias was not just a singer; he was also a dreamer. He dreamed of one day traveling to all corners of the world and sharing his music with people everywhere. Despite living far away from the city and its stages, he dreamed of one day standing on a real stage and letting his voice reach out to a large audience.

One day, something happened that would change Elias' life forever. A talent scout from the city came to the village in search of new talents to bring to the city to perform on the big stages. When he heard about the boy who sang to the clouds, he couldn't resist visiting the village to hear him sing.

Elias was nervous as he stood before the talent scout and the other villagers. He had never sung in front of such a large audience before and felt unsure if he could live up to their expectations. But once he started singing, he forgot everything around him and let his voice fill the air with its beauty and power.

To his surprise and joy, the talent scout was overwhelmed by his talent and immediately offered him a place on the big stage in the city. Elias could hardly believe his ears when he heard the news and felt a mixture of fear and excitement at the big change awaiting him.

With support from his parents and the villagers, Elias prepared to travel to the city to follow his dream. He knew it would be hard to leave his hometown behind, but he also knew it was what he needed to do to reach his goals and fulfill his dreams.

When Elias finally stood on the big stage in the city, he felt a tingling sense of anticipation and nervousness. But as soon as he started singing, all doubts disappeared, and he felt at home on stage, with music as his only focus and driving force.

And as he stood there on stage, letting his voice fill the arena, he knew that he had taken the first step on the long journey towards realizing his dreams and letting his music reach people all over the world.

Trädet som sjöng på eftermiddagen

Det var en lugn eftermiddag i den lilla staden Klarvik. Solen strålade varmt över de färgglada husen och fåglarna kvittrade glatt i träden. Mitt i stadens torg stod ett stort och majestätiskt träd. Det var ett gammalt träd med knotiga grenar och en kraftig stam som hade sett generationer av invånare komma och gå.

Många i staden hade hört talas om trädets särskilda egenskap. En gång om året, precis vid solnedgången på en viss dag, skulle trädet börja sjunga. Det var en gammal legend som berättades för barnen i staden, men få vuxna trodde på den.

En eftermiddag satt Elsa, en ung kvinna i trettioårsåldern, på en bänk intill trädet. Hon hade flyttat till Klarvik för att komma undan stadens stress och trängsel och hade funnit frid i den lilla staden. Som nyinflyttad var hon fascinerad av stadens historia och legender, inklusive berättelsen om det sjungande trädet.

Medan Elsa satt där och läste en bok, hörde hon plötsligt en mjuk sång. Först trodde hon att det var en fågel, men när hon lyssnade noga insåg hon att ljudet kom från trädet bredvid henne. Hon reste sig förvånat och gick närmare för att lyssna bättre.

Trädet sjöng en melodi som var så vacker att det fick tårar att komma i Elsas ögon. Det var som om naturen själv talade genom trädet, en sång om livet och kärleken, om glädje och sorg. Elsa kunde knappt tro sina öron. Det var sant - trädet sjöng.

Hon kände en stark önskan att dela detta magiska ögonblick med andra. Hon sprang genom staden och kallade på invånarna att komma till torget och lyssna på det sjungande trädet. Först var de skeptiska, men när de hörde den vackra sången kunde de inte låta bli att bli berörda.

Invånarna samlades runt trädet och lyssnade tyst till dess sång. Det var som om hela staden höll sin andedräkt medan trädet sjöng sin sång för dem. Efteråt kände de sig förnyade och fyllda av en känsla av gemenskap med varandra och med naturen.

Och Elsa, som hade upptäckt det magiska trädet, kände att hon äntligen hade hittat sitt hem - i den lilla staden med det sjungande trädet på torget.

The Tree that Sang in the Afternoon

It was a calm afternoon in the small town of Klarvik. The sun shone warmly over the colorful houses, and birds chirped happily in the trees. In the middle of the town square stood a large and majestic tree. It was an old tree with gnarled branches and a sturdy trunk that had seen generations of residents come and go.

Many in the town had heard of the tree's special attribute. Once a year, precisely at sunset on a certain day, the tree would begin to sing. It was an old legend told to the children in the town, but few adults believed it. One afternoon, Elsa, a young woman in her thirties, sat on a bench beside the tree. She had moved to Klarvik to escape the stress and crowds of the city and had found peace in the small town. As a newcomer, she was fascinated by the town's history and legends, including the tale of the singing tree.

As Elsa sat there reading a book, she suddenly heard a soft song. At first, she thought it was a bird, but as she listened closely, she realized the sound was coming from the tree beside her. She rose in astonishment and approached to listen better.

The tree sang a melody so beautiful that it brought tears to Elsa's eyes. It was as if nature itself spoke through the tree, a song about life and love, about joy and sorrow. Elsa could scarcely believe her ears. It was true - the tree was singing.

She felt a strong desire to share this magical moment with others. She ran through the town, calling on the residents to come to the square and listen to the singing tree. At first, they were skeptical, but when they heard the beautiful song, they could not help but be moved.

The townspeople gathered around the tree and listened silently to its song. It was as if the whole town held its breath while the tree sang its song to them. Afterwards, they felt renewed and filled with a sense of community with each other and with nature.

And Elsa, who had discovered the magical tree, felt that she had finally found her home - in the small town with the singing tree in the square.

Damklubben och den ovanliga gästen

Det var en mild vårdag i den lilla staden Sjöstaden. I en av stadens äldre och vackra byggnader samlades en grupp kvinnor varje vecka för sin traditionella "Damklubb". Klubben hade funnits i decennier och var en plats där kvinnorna kunde träffas för att diskutera allt från böcker till lokala nyheter och sina egna liv.

Den här veckan var det inget annorlunda. Kvinnorna hade samlats i sitt vanliga mötesrum med kaffe, te och kakor framför sig när de märkte något ovanligt utanför fönstret. En man, klädd i en färgglad och udda dräkt, gick längs gatan med en konstig apparat i handen.

"Vad är det där för en udda figur?" undrade fru Andersson och pekade ut genom fönstret.

De andra kvinnorna följde hennes blick och såg mannen komma närmare. Hans kläder var inte något de vanligtvis såg i den lilla staden. Han hade på sig en hatt med fjädrar och en färgglad rock som om han kommit direkt från en teaterföreställning.

"Det ser ut som om han bär på någon slags uppfinning", sa fru Johansson och tittade nyfiket på den konstiga apparaten i mannens hand.

Kvinnorna kunde inte låta bli att vara nyfikna på den ovanliga gästen som verkade vandra runt i deras lilla stad. De bestämde sig för att bjuda in honom till sin Damklubb för att lära sig mer om honom och hans konstiga apparat.

När mannen kom in i klubbrummet var det som om en färgklick hade kommit in i deras annars så stillsamma tillvaro. Han presenterade sig som professor Gustavsson och förklarade att han var en uppfinnare som reste runt i landet för att visa upp sina senaste skapelser.

Kvinnorna var genast fascinerade av professor Gustavssons berättelser om sina uppfinningar och hans äventyr på vägen. Hans konstiga apparat visade sig vara en sorts musikmaskin som kunde spela alla möjliga melodier med bara ett knapptryck.

Under eftermiddagen fick damerna lyssna på professor Gustavssons musikmaskin och dansa till dess toner. Det blev en ovanligt rolig och livlig träff för Damklubben, och kvinnorna insåg att det ibland var värt att välkomna det oväntade och ovanliga in i sina liv.

När kvällen kom sa professor Gustavsson farväl och fortsatte sin resa till nästa stad. Men han lämnade efter sig ett minne som Damklubben aldrig skulle glömma - den dagen då den ovanliga gästen kom och fyllde deras liv med musik och färg.

The Ladies' Club and the Unusual Guest

It was a mild spring day in the small town of Seaville. In one of the town's older and more beautiful buildings, a group of women gathered every week for their traditional "Ladies' Club". The club had been around for decades and was a place where the women could meet to discuss everything from books to local news and their own lives.

This week was no different. The women had gathered in their usual meeting room with coffee, tea, and cookies in front of them when they noticed something unusual outside the window. A man, dressed in a colorful and peculiar outfit, walked along the street with a strange contraption in his hand.

"What's that odd figure?" wondered Mrs. Andersson, pointing out the window.

The other women followed her gaze and saw the man approaching. His clothes were not something they typically saw in the small town. He wore a hat with feathers and a colorful coat as if he had come straight from a theater performance.

"It looks like he's carrying some sort of invention," said Mrs. Johansson, peering curiously at the strange contraption in the man's hand.

The women couldn't help but be curious about the unusual guest who seemed to be wandering around their little town. They decided to invite him to their Ladies' Club to learn more about him and his peculiar contraption.

When the man entered the club room, it was as if a splash of color had entered their otherwise quiet existence. He introduced himself as Professor Gustavsson and explained that he was an inventor traveling around the country to showcase his latest creations.

The women were immediately fascinated by Professor Gustavsson's stories of his inventions and his adventures on the road. His strange contraption turned out to be a kind of music machine that could play all sorts of melodies with just the press of a button.

During the afternoon, the ladies listened to Professor Gustavsson's music machine and danced to its tunes. It turned out to be an unusually fun and lively meeting for the Ladies' Club, and the women realized that sometimes it was worth welcoming the unexpected and unusual into their lives.

As evening fell, Professor Gustavsson bid farewell and continued his journey to the next town. But he left behind a memory that the Ladies' Club would never forget - the day when the unusual guest came and filled their lives with music and color.

Det Hemliga Sällskapet för Tidiga Morgonpromenader

I den lilla staden Solrosvik var det en tradition bland dess invånare att ta tidiga morgonpromenader längs stranden. Solen steg upp över horisonten med mjuka pastellfärger och väckte staden till liv. Men det fanns en grupp människor som inte bara promenerade för motionens skull - de var en del av det hemliga sällskapet för tidiga morgonpromenader.

Det hemliga sällskapet bestod av ett urval av stadens invånare som alla delade en passion för att börja dagen med en lugn och fridfull promenad vid havet. De var människor av alla åldrar och bakgrunder, men de hade alla en gemensam längtan efter att uppleva solens första strålar och havets stillhet innan dagen började.

En morgon, när staden fortfarande låg och sov, samlades medlemmarna av det hemliga sällskapet vid sin vanliga mötesplats vid strandkanten. Där stod de i tyst samförstånd och njöt av den lugna och fridfulla stunden tillsammans.

Bland medlemmarna fanns fru Johansson, en äldre dam med ett vänligt leende och en passion för trädgårdsarbete. Hon älskade att upptäcka nya blommor och växter längs vägen och dela sina kunskaper med de andra i sällskapet.

Sedan fanns det herr Andersson, en pensionerad fiskare med ett väderbitet ansikte och ett hjärta av guld. Han älskade att lyssna på ljudet av havet och berätta historier från sina år till sjöss för de andra medlemmarna.

Och så var det Lisa, en ung konstnär med en passion för att måla naturens skönhet. Hon hade alltid med sig en skissbok och en uppsättning akvarellfärger för att fånga de vackra ögonblicken längs stranden.

Tillsammans bildade de det hemliga sällskapet för tidiga morgonpromenader - en grupp människor som delade en kärlek till naturen och en önskan att börja varje dag med en känsla av lugn och harmoni.

Men det fanns också något annat som band dem samman - en önskan att hålla sin gemenskap hemlig för resten av världen. För dem var de tidiga morgonpromenaderna längs stranden inte bara en fysisk aktivitet, utan också en andlig och emotionell resa som de delade med varandra i tysthet.

Och så fortsatte det hemliga sällskapet för tidiga morgonpromenader att samlas varje morgon, i skuggan av morgonsolen och med ljudet av vågorna som sällskap. För dem var varje steg längs stranden en påminnelse om skönheten i livet och kraften i gemenskapen, och de kunde inte tänka sig att börja sin dag på något annat sätt.

The Secret Society for Early Morning Walks

In the small town of Sunflower Bay, it was a tradition among its residents to take early morning walks along the beach. The sun rose over the horizon with soft pastel colors, awakening the town to life. But there was a group of people who didn't just walk for the sake of exercise - they were part of the secret society for early morning walks.

The secret society consisted of a selection of the town's residents who all shared a passion for starting the day with a calm and peaceful walk by the sea. They were people of all ages and backgrounds, but they all had a common longing to experience the first rays of the sun and the stillness of the sea before the day began.

One morning, while the town still lay asleep, the members of the secret society gathered at their usual meeting place by the shore. There they stood in silent agreement, enjoying the quiet and peaceful moment together.

Among the members was Mrs. Johansson, an elderly lady with a friendly smile and a passion for gardening. She loved discovering new flowers and plants along the way and sharing her knowledge with the others in the society.

Then there was Mr. Andersson, a retired fisherman with a weather-beaten face and a heart of gold. He loved listening to the sound of the sea and telling stories from his years at sea to the other members.

And then there was Lisa, a young artist with a passion for painting the beauty of nature. She always carried a sketchbook and a set of watercolor paints to capture the beautiful moments along the beach.

Together, they formed the secret society for early morning walks - a group of people who shared a love for nature and a desire to start each day with a sense of calm and harmony.

But there was something else that bound them together - a desire to keep their community secret from the rest of the world. For them, the early morning walks along the beach were not just a physical activity, but also a spiritual and emotional journey that they shared with each other in silence.

And so the secret society for early morning walks continued to gather every morning, in the shadow of the morning sun and with the sound of the waves as their company. For them, every step along the beach was a reminder of the beauty of life and the power of community, and they couldn't imagine starting their day any other way.

Sommarens Beröring

Det var en varm sommardag när vår berättelse tar sin början. Solen strålade från en klarblå himmel och vinden bar med sig doften av nyklippt gräs och blommande blommor. Det var en dag då allting verkade möjligt, en dag då sommarens beröring kunde kännas överallt.

I en liten by någonstans i det svenska landskapet bodde en ung kvinna vid namn Klara. Hon var känd i byn för sitt varma leende och sitt hjälpsamma sätt, och många kom till henne när de behövde en vänlig hand eller ett vänligt öra att lyssna.

Klara älskade sommaren mer än något annat. Hon älskade att vandra genom de grönskande ängarna och känna gräsets mjuka strån mellan sina tår. Hon älskade att bada i de klara sjöarna och känna det svalkande vattnet omsluta hennes kropp. Och hon älskade att sitta under de grönskande träden och lyssna till fåglarnas glada sång.

En dag bestämde sig Klara för att ta en promenad genom byn för att njuta av sommarens skönhet. Hon gick längs de slingrande vägarna, stannade till för att lukta på blommorna och känna solens varma strålar mot sin hud. Det var som om sommarens beröring omfamnade henne och fyllde henne med en känsla av frid och glädje.

Under sin promenad mötte Klara många av byns invånare, och hon stannade till för att prata med dem och dela med sig av sommarens glädje. Tillsammans skrattade de åt gamla minnen och drömde om framtiden, och för en stund verkade alla bekymmer och sorger långt borta.

När solen började gå ner över horisonten och skymningen föll över byn kände Klara en känsla av tacksamhet för den underbara dagen hon hade fått uppleva. Sommaren hade återigen visat sig från sin bästa sida och fyllt hennes hjärta med en känsla av frid och lycka.

Och så fortsatte livet i den lilla byn, där sommarens beröring kunde kännas överallt. För Klara och de andra invånarna blev sommaren inte bara en årstid, det blev en källa till glädje och inspiration som förenade dem och fyllde deras liv med ljus och värme.

Och när hösten kom och sommarens dagar började bli kortare kände Klara en sorgsenhet över att behöva säga adjö till den varma årstiden. Men samtidigt visste hon att sommaren alltid skulle finnas kvar i hennes hjärta, redo att återvända så snart solen återigen började skina och sommarens beröring kunde kännas överallt.

The Touch of Summer

It was a warm summer day when our story begins. The sun shone from a clear blue sky, and the wind carried the scent of freshly cut grass and blooming flowers. It was a day when everything seemed possible, a day when the touch of summer could be felt everywhere.

In a small village somewhere in the Swedish countryside lived a young woman named Klara. She was known in the village for her warm smile and her helpful manner, and many came to her when they needed a friendly hand or a sympathetic ear to listen.

Klara loved summer more than anything else. She loved walking through the lush meadows and feeling the soft blades of grass between her toes. She loved swimming in the clear lakes and feeling the cool water envelop her body. And she loved sitting under the leafy trees and listening to the birds' joyful song.

One day, Klara decided to take a walk through the village to enjoy the beauty of summer. She walked along the winding roads, stopping to smell the flowers and feel the sun's warm rays on her skin. It was as if the touch of summer embraced her and filled her with a sense of peace and joy.

During her walk, Klara met many of the village's inhabitants, and she stopped to talk to them and share the joy of summer. Together, they laughed at old memories and dreamed of the future, and for a moment, all worries and sorrows seemed far away.

As the sun began to set on the horizon and dusk fell over the village, Klara felt a sense of gratitude for the wonderful day she had experienced. Summer had once again shown itself at its best and filled her heart with a sense of peace and happiness.

And so life continued in the small village, where the touch of summer could be felt everywhere. For Klara and the other inhabitants, summer was not just a season; it was a source of joy and inspiration that united them and filled their lives with light and warmth.

And when autumn came and the days of summer began to grow shorter, Klara felt a sadness at having to say goodbye to the warm season. But at the same time, she knew that summer would always remain in her heart, ready to return as soon as the sun began to shine again and the touch of summer could be felt everywhere.

Vardagen

I den lilla staden Kulleborg var vardagen alltid lika fridfull. Gatorna kantades av små hus med färgglada fasader, och människorna som bodde där kände varandra väl. Det var en plats där inget var för komplicerat och ingenting var för enkelt, där livet rullade på i sin egen takt och människorna fann glädje i de små sakerna.

I ett av husen bodde en kvinna vid namn Anna. Hon var i medelåldern och hade bott i Kulleborg hela sitt liv. Hon hade ett varmt hjärta och ett vänligt leende som kunde lysa upp den mörkaste dag. För Anna var vardagen fylld med små glädjeämnen: en promenad i parken, en pratstund med grannen över staketet, eller en kopp te på verandan när solen gick ner.

En dag, när Anna satt på verandan och njöt av den milda sommarvinden, kom hennes granne Lisa över på besök. Lisa var en äldre kvinna med ett skratt som kunde höras över hela staden och ett sinne för humor som fick alla att le. Tillsammans satt de på verandan och pratade om allt och inget, och för en stund verkade alla bekymmer långt borta.

Under deras samtal nämnde Lisa att hon hade sett en annons i tidningen om en trädgårdsfest som skulle hållas i parken nästa helg. Hon föreslog att de skulle gå dit tillsammans och njuta av en dag fylld med musik, mat och gemenskap. Anna blev genast entusiastisk över idén och tackade ja till inbjudan.

När helgen kom klädde Anna och Lisa upp sig i sina finaste kläder och begav sig till parken för att delta i trädgårdsfesten. Där möttes de av ett myller av människor som dansade till livemusik, njöt av mat och dryck från lokala leverantörer och bara hade en härlig tid tillsammans.

Under dagen träffade de många av stadens invånare och fick höra deras historier och upplevelser. De delade skratt och glada minnen och kände sig som en del av en större gemenskap. För en dag glömde de alla sina bekymmer och bara njöt av stunden och varandra sällskap.

När solen så småningom gick ner över horisonten och festen började lida mot sitt slut kände Anna och Lisa en känsla av tacksamhet över den underbara dagen de hade fått uppleva tillsammans.

Och så återvände de till sina hem i Kulleborg, fyllda av minnen och upplevelser från en dag som de aldrig skulle glömma. För dem var det beviset på att vardagen inte behövde vara tråkig eller enformig, utan att den kunde vara fylld med glädje, skratt och kärlek om man bara öppnade sitt hjärta för möjligheterna som låg runt hörnet.

Everyday

In the small town of Kulleborg, everyday life was always peaceful. The streets were lined with small houses with colorful facades, and the people who lived there knew each other well. It was a place where nothing was too complicated and nothing was too simple, where life rolled on at its own pace and people found joy in the little things.

In one of the houses lived a woman named Anna. She was middle-aged and had lived in Kulleborg all her life. She had a warm heart and a friendly smile that could brighten the darkest day. For Anna, everyday life was filled with small joys: a walk in the park, a chat with the neighbor over the fence, or a cup of tea on the porch as the sun went down.

One day, as Anna sat on the porch enjoying the mild summer breeze, her neighbor Lisa came over for a visit. Lisa was an older woman with a laugh that could be heard across town and a sense of humor that made everyone smile. Together, they sat on the porch and talked about everything and nothing, and for a while, all worries seemed far away.

During their conversation, Lisa mentioned that she had seen an advertisement in the newspaper about a garden party that would be held in the park next weekend. She suggested that they should go together and enjoy a day filled with music, food, and community. Anna immediately became enthusiastic about the idea and accepted the invitation.

When the weekend came, Anna and Lisa dressed up in their finest clothes and went to the park to attend the garden party. There, they were greeted by a crowd of people dancing to live music, enjoying food and drinks from local vendors, and just having a great time together.

Throughout the day, they met many of the town's residents and heard their stories and experiences. They shared laughter and happy memories and felt like part of a larger community. For a day, they forgot all their worries and just enjoyed the moment and each other's company.

As the sun eventually set on the horizon and the party began to wind down, Anna and Lisa felt a sense of gratitude for the wonderful day they had experienced together.

And so they returned to their homes in Kulleborg, filled with memories and experiences from a day they would never forget. For them, it was proof that everyday life didn't have to be boring or monotonous, but that it could be filled with joy, laughter, and love if you just opened your heart to the possibilities that lay around the corner.

Blommor i Malmö

I den mångkulturella staden Malmö, där människor från alla hörn av världen samlades för att skapa en rik kulturell mångfald, spirade en kärlekshistoria lika vacker som de blommor som prydde stadens parker och torg.

Det var en vacker sommardag när vår berättelse tar sin början. Solen sken från en klarblå himmel och en lätt bris förde med sig doften av blommor och hav från Öresund. På en liten uteservering i stadens centrum satt två personer, vars öden skulle sammanflätas på ett sätt som de aldrig kunnat föreställa sig.

Den första personen var Sofia, en ung kvinna med långt, mörkt hår och ett vänligt leende. Hon hade bott i Malmö hela sitt liv och älskade staden med hela sitt hjärta. För henne var Malmö inte bara en plats att bo på, det var en källa till inspiration och glädje som hon aldrig skulle kunna föreställa sig att leva utan.

Den andra personen var Ahmed, en nyinflyttad man från Mellanöstern som hade kommit till Malmö för att söka en bättre framtid för sig själv och sin familj. Han hade alltid drömt om att bo i en stad där möjligheterna var oändliga och där han kunde bygga upp sitt liv på nytt efter de svårigheter han hade gått igenom.

När Sofia och Ahmed möttes för första gången på den lilla uteserveringen kände de båda en omedelbar dragning till varandra. Trots deras olikheter fann de en gemensam förståelse och respekt för varandra som gjorde att de kände sig som gamla vänner från första stund.

Under dagen promenerade de genom stadens gator och parker och delade sina tankar och drömmar med varandra. De pratade om allt från kultur och historia till mat och musik och upptäckte att de hade mycket gemensamt trots deras olika bakgrund och erfarenheter.

När kvällen föll över staden och stjärnorna började tändas på himlen kände Sofia och Ahmed en känsla av frid och lycka som de aldrig tidigare hade upplevt. För dem var det beviset på att kärleken inte känner några gränser och att den kan övervinna alla hinder och motstånd på vägen. Och så fortsatte deras kärlekshistoria att blomstra i Malmö, där de fann glädje och lycka i varandras sällskap och i den vackra staden som de båda älskade så mycket.

Flowers in Malmö

In the multicultural city of Malmö, where people from all corners of the world gathered to create a rich cultural diversity, a love story blossomed as beautiful as the flowers adorning the city's parks and squares.

It was a beautiful summer day when our story begins. The sun shone from a clear blue sky, and a gentle breeze carried the scent of flowers and sea from the Öresund. At a small outdoor café in the city center sat two individuals, whose fates would intertwine in a way they could never have imagined.

The first person was Sofia, a young woman with long, dark hair and a friendly smile. She had lived in Malmö all her life and loved the city with all her heart. For her, Malmö was not just a place to live, it was a source of inspiration and joy that she could never imagine living without.

The second person was Ahmed, a newcomer from the Middle East who had come to Malmö to seek a better future for himself and his family. He had always dreamed of living in a city where opportunities were endless and where he could rebuild his life after the difficulties he had faced.

When Sofia and Ahmed met for the first time at the small outdoor café, they both felt an immediate attraction to each other. Despite their differences, they found a common understanding and respect for each other that made them feel like old friends from the first moment.

Throughout the day, they walked through the city's streets and parks, sharing their thoughts and dreams with each other. They talked about everything from culture and history to food and music, and discovered that they had much in common despite their different backgrounds and experiences.

As evening fell over the city and the stars began to twinkle in the sky, Sofia and Ahmed felt a sense of peace and happiness that they had never experienced before. For them, it was proof that love knows no boundaries and that it can overcome all obstacles and resistance along the way.

And so their love story continued to blossom in Malmö, where they found joy and happiness in each other's company and in the beautiful city they both loved so much.

Elefanten som älskade choklad

I den lilla byn Djungelskog långt inne i Afrikas hjärta bodde en elefant vid namn Emil. Emil var en vänlig och nyfiken elefant som älskade att utforska världen runt omkring honom. Men det fanns en sak som Emil älskade mer än något annat i hela världen, och det var choklad.

För Emil var choklad inte bara en godis, det var en passion som fyllde honom med glädje och lycka varje gång han fick smaka på den. Han drömde om choklad dag och natt och kunde aldrig få nog av den underbara smaken och doften.

Men det fanns ett problem. I Djungelskog fanns det ingen choklad att få tag på, och Emil visste inte var han skulle kunna hitta någon. Så varje dag gick han runt i byn och letade efter någon som kunde ge honom en bit choklad, men ingen kunde hjälpa honom.

En dag bestämde sig Emil för att ge sig ut på en resa för att söka efter den berömda chokladfabriken som han hade hört talas om. Han visste att det skulle bli en lång och farlig resa, men han var beredd att göra vad som helst för att få tag på sin älskade choklad.

Så Emil packade sin väska och gav sig av in i djungeln, fast besluten att hitta chokladfabriken och få sitt livs största önskan uppfylld. Under resans gång mötte han många faror och hinder, men han gav aldrig upp hoppet om att nå sitt mål.

Till slut, efter många dagars resa genom vildmarken, kom Emil fram till chokladfabriken. Han kunde knappt tro sina ögon när han såg de stora maskinerna som tillverkade choklad i alla former och smaker. Det var som om han hade kommit till paradiset på jorden.

Inne i fabriken mötte Emil chokladfabrikens ägare, en vänlig man vid namn Herr Choklad. Herr Choklad berättade för Emil att han var välkommen att prova all choklad han ville och att han kunde få så mycket han ville ta med sig hem till Djungelskog.

För Emil var det som en dröm som gått i uppfyllelse. Han provade alla sorters choklad och fyllde sin väska med så mycket han kunde bära. Sedan tackade han Herr Choklad för hans generositet och gav sig av tillbaka till Djungelskog, lyckligare än han någonsin hade varit.

När Emil kom tillbaka till Djungelskog delade han med sig av sin choklad med alla sina vänner och grannar. Alla var så tacksamma för hans generositet och glada över att äntligen få smaka på den underbara chokladen som han hade hittat.

Och från den dagen och framåt blev Emil känd som Elefanten som älskade choklad i hela Djungelskog. Han fortsatte att dela med sig av sin choklad och sprida glädje och lycka till alla runt omkring sig, för han visste att kärleken till choklad var något som kunde förena människor och djur överallt.

The Elephant Who Loved Chocolate

In the small village of Junglewood deep in the heart of Africa lived an elephant named Emil. Emil was a friendly and curious elephant who loved to explore the world around him. But there was one thing that Emil loved more than anything else in the world, and that was chocolate. For Emil, chocolate was not just a treat, it was a passion that filled him with joy and happiness every time he got to taste it. He dreamed of chocolate day and night and could never get enough of the wonderful taste and smell.

But there was a problem. In Junglewood, there was no chocolate to be found, and Emil didn't know where he could get some. So every day he walked around the village searching for someone who could give him a piece of chocolate, but no one could help him.

One day, Emil decided to set out on a journey to search for the famous chocolate factory he had heard about. He knew it would be a long and dangerous journey, but he was willing to do anything to get his hands on his beloved chocolate.

So Emil packed his bag and set off into the jungle, determined to find the chocolate factory and fulfill his life's greatest wish. Along the way, he encountered many dangers and obstacles, but he never gave up hope of reaching his goal.

Eventually, after many days of traveling through the wilderness, Emil arrived at the chocolate factory. He could hardly believe his eyes when he saw the large machines producing chocolate in all shapes and flavors. It was like he had arrived in paradise on earth.

Inside the factory, Emil met the owner of the chocolate factory, a friendly man named Mr. Chocolate. Mr. Chocolate told Emil that he was welcome to try all the chocolate he wanted and that he could take as much as he wanted back home to Junglewood.

For Emil, it was like a dream come true. He tried all kinds of chocolate and filled his bag with as much as he could carry. Then he thanked Mr. Chocolate for his generosity and set off back to Junglewood, happier than he had ever been.

When Emil returned to Junglewood, he shared his chocolate with all his friends and neighbors. Everyone was so grateful for his generosity and happy to finally taste the wonderful chocolate he had found.

And from that day forward, Emil became known as the Elephant Who Loved Chocolate throughout Junglewood. He continued to share his chocolate and spread joy and happiness to everyone around him, for he knew that the love of chocolate was something that could unite people and animals everywhere.

www.ingramcontent.com/pod-product-compliance
Lightning Source LLC
Chambersburg PA
CBHW061341120726
48001CB00002B/980